Bernhard Valta

Ein ganzes Jahr lang Frühling

Gedichte

Wenn alles sprießt

Diese Sammlung von Gedichten entstand in einer früheren Version aus den Vorbereitungen für einen „Heimatabend" anlässlich des Blumenschmuck-Wettbewerbes in der Gemeinde Vasoldsberg. Für das Thema „Frühling" studierte ich viele Quellen und es faszinierte mich immer mehr!

Parallel folgte dann das Kennenlernen des Staates Lettland und seinen mythischen Volksgedichten, sogenannten Dainas, die sich zumeist um den Jahreslauf drehen, natürlich mit einer großen Frühlingsabteilung. Über einige Umwege und durch die Mitwirkung von mehreren Personen hatte sich daraus ein großes Projekt entwickelt, das nunmehr in einem eigenen Buch vorliegt: „Trägt die Espe rote Spitzen / Vai sarkani apšu gali" mit vielen Bildern und sogar einer nachbearbeiteten DVD-Video-Aufnahme des erfolgreichen, ursprünglichen Kulturabends.

In der vorliegenden Zusammenstellung unter dem ursprünglichen Namen lernen Sie hier den Ausgangspunkt kennen – die unbekleideten Gedichte, begleitet von einer frühlingshaften Geschichte und der phänologischen Auslegung.

Ein ganzes Jahr lang Frühling

Poesie

Bernhard Valta

Bibliografische Informationen der Deutschen Nationalbibliothek:
Die Deutsche Nationalbibliothek verzeichnet diese Publikation in der Deutschen Nationalbibliografie; detaillierte bibliografische Daten sind im Internet über http://dnb.dnb.de abrufbar

Herstellung und Verlag:
BoD – Books on Demand, Norderstedt
ISBN 978-3-8391-0574-0

Gewidmet allen
Verliebten und Einsamen
Dankbaren und Hoffenden
Frühjahrsmüden und Pollenallergikern

(weiblich / männlich / transgender)

Im Gedenken an Peter
Für meine Eltern und Familie

Inhalt

Mein Dank für die Inspiration zur Geschichte: „Lettischer Frühling" geht an:
Agita, Ingrīda, Māris, Ieva, Tamara, Skaidrite, Guna, Dāvis, Tatjana, Daiga,
Iveta, Zane, Liāna, Anita, Ineta, Laila, Maruta, Inese, Aija, Asole, Daina,
Ināra, Ieva, Zoja, Lauma, Anda, Evija, Liesma, Ruta, Lolita, Dagnija, gita,
Dace, Rūdolfs und Indra. Paldies visiem!

Frühling ::: Aufbruch

Glück

Glück haben, glücklich sein
jemanden Glück zu wünschen macht Freude -
beim Spender wie auch beim Empfänger.
Glück ist ein Zustand
den man nicht erzwingen kann -
der sehr wohl aber bewusst ansteuerbar ist.
Das Schöne zu sehen und wahrzunehmen
entschädigt für vieles was Routine ist
und halt gemacht werden muss.

Sich freuen kostet nichts!

Suche dir einen netten Platz,
komm zu dir, entspann dich.
Dann schließe einfach deine Augen
höre in dich hinein
du kannst nun
Gerüche wahrnehmen
Wärme spüren
das Köpfchen deiner Katze streicheln
die Hand eines lieben Menschen halten.

Carpe diem.

Viel Glück!

Die Uhr und die Zeit

Es ist schon recht so, wenn man sagt:
„Die Zeit heilt alle Wunden!"
Doch wäre es nicht besser
man müsste gar nicht erst gesunden?
Freundlich assistiert die DGKS Minute
ihrem Chef, dem aufmerksamen Doktor Stunde
leichte Krankheitsfälle werden
in der Tagesambulanz behandelt
schwere Unfälle pflegt man in der
Monatsrehabilitation.
Und die Zeit, und die Zeit, und die Zeit vergeht
ob man rennt, ob man steht
oder ganz gemütlich geht.

Im Uhrgehäuse greift ein Rädchen in das andere
unermüdlich mahlen sie das Zeitenmehl.
Die Rädchen klagen nicht - die Arbeit sei so
monoton
das Pendel schwingt mit heit´rem Mondgesicht
von Tick nach Tack
die Gewichte haben ihren Spaß und spielen
Schloßbergbahn.

Endlosigkeit verbreitet sich nur
während die Spiralfeder pausiert.
Wenn sie völlig entspannt in sich ruht
ist die Zeit abgestellt.
Und die Unruhe wartet auf die Hand
mit dem Schmetterlingsschlüssel.

Die Zeit verrinnt
und der Tag schmilzt.
Übrig bleiben die Kohlen,
die Karotte und der Blechtopf
wo sich einst befand
des Schneemanns Rumpf und Kopf.

Ein Augenblick

Ein Augenblick kann ewig dauern
der Augenblick des Erkennens
des Erkennens des anderen
des anderen - Ebenbild
des Schöpfers

Still sein
den Augenblick empfinden

Ein Tropfen
im Glasinneren
bahnt sich den Weg
er dehnt sich
sein Gewicht
schiebt nach unten
breitet sich aus
am Glasboden

Ein ganzes Jahr lang Frühling

Im Frühling war es Frühling
im Sommer war es Frühling
im Herbst war es Frühling
und auch im Winter war es Frühling
- mit dir.

Mein Herz schlägt für dich Blumen,
mein Mund spricht dir Blumen
meine Hände reichen dir Blumen
und auch meine Augen sehen nur Blumen
- in dir.

Lettischer Frühling

Als ich mich mit dem Thema Frühling zu beschäftigen begann, führte Indra, meine Freundin aus Lettland - einem, der im hohen Norden gelegenen baltischen Staaten - unter ihren Freundinnen und Freunden eine kleine Umfrage für mich durch. Obwohl unsere beiden Länder etwa 1500 Kilometer voneinander getrennt sind, unterschieden sich die per E-Mail gesendeten Aussagen ihrer Freunde von unseren Ansichten zum Thema interessanterweise nur in Kleinigkeiten. Ja, selbst die Fahnen der beiden Länder sind jeweils Rot-Weiß-Rot! Wenn man dazu noch die letzten Winterzeiten bedenkt, einmal viel Schnee, dann wieder mal nichts, gibt es von hier nach dort praktisch keinen nennenswerten Unterschied mehr. Schauen wir uns also die ernsthaften, wie auch spaßigen Anmerkungen aus der Umfrage an:

Frühling ist, sagt Māris, wenn die Hoffnung aufflammt, dass nun alles Gute neu beginnt. Die Natur erwacht, der Geist wird frei, Empfindungen werden stärker, man verspürt Unruhe aber gleichzeitig auch ein erwartungsvolles Freudengefühl. Änderungen liegen in der Luft. Möglicherweise große Veränderungen? Du gehst vorbei an dem Schnee-mann, den die Kinder im Garten gebaut haben und siehst gerade noch, wie seine Karottennase zu Boden fällt. Die Erde entlässt den Frost. Kaum ist der Schnee weg geschmolzen, lugen schon die gelben Köpfchen der Primeln, im Schutze ihrer breiten Blätter aus dem Boden, kleine Inseln mit Schneeglöckchen entstehen und bald blüht auch der Krokus an allen Orten. Eiszapfen zieren sich vor der Einsicht ihres unweigerlichen Unterganges gar nur tröpfchenweise, genau wie die Politiker, bevor sie sich nach dem Auffliegen eines Skandals doch von ihrem Sessel trennen müssen...

Damengespräche drehen sich verstärkt um Figurprobleme und deren Beseitigung, denn bald können sie wieder ihr Bad in der Sonne genießen. Mein dringender Ratschlag an alle Männer lautet: Bei diesem Thema auf gar keinen Fall auch nur ein Sterbenswörtchen verlauten lassen!, will man sich nicht sämtliche Sympathien verscherzen! Als gebranntes Kind versichere ich Ihnen: Schweigen ist Gold!

Passend zur kommenden Jahreszeit ließ ich mir von meiner Friseurin kürzlich einen Sommerschnitt machen. Gottseidank hatte ich mir vorher den Fünftagesbart abrasiert! Denn während sie mir den Kopf wusch, kam sie darauf zu sprechen, dass sie Männer mit Bart selten mag. Einen Dreitagesbart akzeptiere sie noch, doch hätte sie manchmal Kunden - was da in den Bärten noch drinnen sei, Speisereste und dazu der Geruch - ihr würde manchmal richtig übel. Egal, weiter sagte sie, sie müsse abnehmen, sie fühle sich so dick, als ob sie platzen würde! Daraufhin sah ich sie im Spiegel nochmals prüfend an. Ich setzte mir dazu aber unauffällig die Brille auf und schüttelte im Geiste ratlos den Kopf: Wenn man so wie ich in den Sechziger, Siebziger-Jahren aufgewachsen ist, war man trainiert auf Frauen, was sage ich, Rasseweiber! wie Gina Lollobrigida, Sophia Loren, Marilyn Monroe, Brigitte Bardot bis hin zu Laetitia Casta oder... oh Gott!, tut mir leid, ich bin wohl etwas vom Thema abgeschweift... Aus meiner Spiegel-Perspektive sah die Friseurin eigentlich geradezu dünn aus.

Die wollte abnehmen? Unwillkürlich zog ich meinen Bauch ein so gut es ging. Zum Glück war ich durch den Umhang geschützt. Jetzt bereute ich schon, dass ich einen Löffel Zucker in den von ihr servierten Kaffee gegeben hatte.

Sie sagte noch, ab vierzehn Uhr esse sie nichts mehr. Und unbekümmert redete sie weiter, sie betreibe jetzt ein spezielles Training. Und zwar werde sie dort in einen schwarzen Sack gesteckt, dann bekäme sie mit einer Art Bügeleisen, worauf ein Gel gestrichen wird, so etwas wie einen elektrischen Schock, wobei sie die Muskel stark anspannen müsse. Da sie sowieso kälteempfindlich ist, wäre diese Prozedur fast nicht auszuhalten. Aber die Behandlung wäre toll, sie dauere nur eine Viertelstunde und danach sei ihr dann richtig heiß, ihre Muskeln würden sich wie nach einer Stunde Hanteltraining anfühlen. Mit immer noch angespanntem Bauch bezahlte ich und ging mit verkrampften Bauchmuskeln zur Türe. Außer Sichtweite entließ ich meinen Bauch wieder in die übliche hängende Stellung.

Aber zurück zu den poetischen, lettischen Frühlingsempfindungen. Anda meint, auf den Parkbänken beginnen die alten Leute in der Frühlingssonne regelrecht zu keimen, sie genießen jetzt den besonderen Blütenduft, den der warme Wind verbreitet. Der Rhabarber kommt ganz zerknittert aus der Erde, aber die pastellfarbenen Pyramidenblüten der Kastanienbäume sind ein prächtiger Anblick. Schulkinder kauen während der Schularbeit angeblich als gutes Omen an Fliederblüten, aber nur an denen mit fünf Blättern!

Die Herzschläge werden schneller, Junge, Alte, Burschen und Mädchen werden von innerer Unruhe erfasst. Neue Eindrücke, positive Emotionen, Lebenslust und dazu der Geruch der Wäsche, die auf der Wäschespinne wieder im Freien trocknen darf. Durch alle Wesen strömen Liebesgefühle, sogar Čipa, Lolitas Hundemädchen wird, um es artig auszudrücken, wahnsinnig läufig, ihre Hundebuben verlieren den Verstand und aller Nerven sind bis zum Zerreißen angespannt! Doch dann machen die Eltern und die Geschwister mit den Tieren romantische Spaziergänge auf Wegen, die nur ihnen bekannt sind entlang des Bächleins, bei fröhlichem Vogelgezwitscher und immer noch diesem betörenden Duft!

Als erste Frühlingsboten fungieren die niedlichen blauen Anemonen, auch der Huflattich, die

Welt wird wieder grün und bunt. Daina denkt an Frühling im Herz und Wind im Kopf! In Lettland ist es üblich, kleine Löcher in Birkenbäume zu bohren und ein Röhrchen hineinzustecken, um den etwa drei Wochen lang fließenden Saft aufzufangen. Frisch getrunken, soll er helfen, den Körper nach dem Winter zu entschlacken. Bei der Gelegenheit kann man gut die vielen Vögel bei ihrem Nestbau zu beobachten, und man besorgt als gelebtes Brauchtum Weidenkätzchen, die in Vasen drapiert werden um damit das Heim für die Osterzeit zu schmücken.

Für viele beginnt die ersehnte Gartenarbeit, die Sonne scheint mehr und jeden Tag heller, bräunt die Haut schon leicht bei der beginnenden Gartentätigkeit. Ieva ist froh, sich nicht mehr wie eine Zwiebel in 101 Schichten kleiden zu müssen und die Winterstiefel nach hinten in den Schuhschrank stellen zu können. Man hofft, dass die regelmäßigen Hochwasserschäden gering ausfallen werden. Das Land wird bebaut, Traktoren dieseln auf den Äckern, ziehen Furchen, säen die Saat aus. Die Natur ist erwacht, der Energiedrang verursacht ein allgemeines Rühren, Schaffen, Vorbereiten für die jahreszeitlichen Aktivitäten. Kinderlachen, Hühner rennen im Garten, Kinder springen in bunten Gummistiefeln durch den Matsch.

Liāna freut sich auf ihren Namenstag, der dort feierlicher begangen wird als die Geburtstage.

Doch einige Menschen erwarten diese Zeit mit leichtem Bangen. Rūdolfs meint, es ist ihm schwer im Frühling, wenn alles von neuem entsteht. Wenn diese Knospen so quellen, dann scheint es ihm, als zerplatze sein Kopf zusammen mit ihnen. Es ängstigt ihn, weil er nicht weiß, ob sich die Knospen öffnen werden und schöne, saftige Blätter erblühen, oder ob eine späte Frostphase dieses reifende Leben beenden wird? Mancher fasst das Neue schwer, bei allem Unbekannten weiß man nicht, welches Geheimnis darin steckt. Was wird also das kommende Jahr bringen, Freude oder Leid?

Ich denke, es ist doch gut, wenn man nicht weiß, was auf einen zukommt. Das neue Jahr hat erst begonnen, es wird an uns selbst liegen, was wir daraus machen, auch wenn nicht alles so läuft, wie man gerne hätte. Für mich ist metaphorisch gesehen, ebenfalls eine strenge und abweisende Winterzeit vorübergegangen und wurde von einem optimistischen, freundlichen Frühling besiegt. Jetzt kann kommen was mag, ich freue mich auf ein ganzes Jahr lang Frühling!

Anruf

Letzten Sonntag
ich kann es immer noch nicht glauben
da ist etwas ganz Wunderbares
mit mir passiert.
Du hast geschrieben:
Ich warte auf deinen Anruf!
Mein Herz schlug wild
als dein Grußwort erklang!

Nur zögernd kamen
meine ersten Sätze
zu sehr spürte ich
dich an meinem Ohr
auch du warst nervös
die Stimme brüchig
langsam erst
haben wir uns gefasst.

Schon vom ersten Augenblick an
dieses tiefe Vertrauen
als hätten wir uns
schon immer gekannt
der Klang deiner Stimme
die freundlich lieben Worte
vorsichtig
doch erwartungsvoll …

Einbildung

Ich bilde mir ein
ich hätte eine Chance bei ihr gehabt -
hätte ich nur was gesagt.
Die Chance ist fort
ich könnte mich ziehen an den Ohren,
vor lauter Zorn.

Wenn ich nur wüsste
was sie von mir hält,
ob sie überhaupt an mich denkt?
Eigentlich glaube ich fest daran
doch lieber wäre mir,
hätte ich es schwarz auf weiß.

Nicht ein Jeder
ist zum Playboy geboren
es muss auch Stille geben,
doch warum ich! -
ich möchte so gern anders sein,
selbstbewusst, voll Selbstvertrauen.

Ich habe es einfach nicht gewagt,
auch sie hat nichts gesagt,
Abfuhr wollte ich mir keine holen,
doch probieren hätte ich es sollen . . .

Tief im Herz

Draußen sitzt der Nebel - so dick!
In meinem Zimmer ist es still,
meine Gedanken sind weit weg
ich träume vor mich hin.
Denn tief in meinem Herzen sehe ich
dein Bild auf goldig weichem Samt,
auf dem antiken Kästchen in der Nische
steht ein gerahmtes Foto mit Widmung von dir.

Durch Zufall saßen wir zwei nebeneinander
und berührten uns leicht dabei,
tonnenschwer fiel dir der nahe Abschied
nur deine Augen sprachen,
dein Mund blieb stumm.
Doch auch ohne vieler Worte war uns klar
ab nun sind wir ein Paar
du hast mich so tief angesehen
in meinem Kopf begann ein Karussell zu drehen.

Wie auf einer Wolke
Schweben wir durch Zeit und Raum -
ganz tief in meinem Herzen
ist dein Bildnis eingebrannt
die Erinnerung daran liegt sanft
auf goldig weichem Samt.

Wie eine Blume

Ganz alleine sitze ich da
denke immer nur an dich,
du bist weit weg von mir
und ich wäre so gern bei dir.

Der kleine Teddybär,
den ich als Geschenk bekam von dir,
das Foto von uns Beiden an der Wand
dein Brief in meiner Hand.

Mir gefällt so wie du machst
wenn du verlegen bist und lachst.
Ich spüre dich so gern
möchte ewig dir gehören.

Du bist für mich wie Luft -
ohne dich kann ich nicht leben!
Mein Hemd das birgt noch deinen süßen Duft,
nie werd´ ich es zur Wäsche geben!

Wie ein Buch den aufmerksamen Leser,
wie ein Astronaut die Raumstation,
wie eine Blume Wasser braucht und Licht,
ganz genauso, meine Freundin, brauch´ ich dich!

Ja, die Frauen!

Ein Mann wird eine Frau
wohl niemals richtig verstehen.
Sie ist für ihn rätselhaft, mysteriös,
ein ungeklärtes Phänomen.
Erst lockt sie dich an, becirct mit Zauberkraft
und, wenn sie dich dann endlich hat,
wendet gelangweilt sie sich von dir wieder ab.

Na sag einmal, dein Anzug
ist ja von prähistorischer Art,
dein Hemd sieht aus als hättest du
vorher gelebt wie ein Clochard!
Lass mich nur machen, ich weiß was dir steht,
denn schließlich bin ich es, die mit dir ausgeht!

Du wartest stundenlang im Regen
sie lässt dich dort ganz locker stehen.
Am nächsten Tag ruft sie dich an
und sie sagt was dir geschehen tut ihr leid,
doch der Friseur hat etwas Neues ausprobiert
und dann sah sie dieses schicke Kleid!

Sie frägt dich mit großem Augenwimpernschlag:
„Kannst du mir bitte einmal noch verzeih 'n?"
Aufgebracht entgegnest du:
„Was bildest du dir ein?"
Aber riesengroß ist deine Freude,
da du sie wiedersiehst,
und ganz verflogen ist dein Ärger, als sie dich
mit ihren weichen Lippen zärtlich küsst!

Möchte sein

Ich möchte dir der Morgen sein
Sonne, die sich würdevoll ins Firmament erhebt

Ich möchte dir der Mittag sein
träge Halbtageszufriedenheit

Ich möchte dir der Abend sein
Bank auf der du sitzt mit bauchigem Glas Wein

Ich möchte dir die Nacht sein
dunkler Faden, der behutsam dich umwebt

Ich möchte dir die Woche sein
Pflichterfüllungsdomino durchlaufen
und neu aufgestellt

Ich möchte dir der Monat sein
Ebbe, Flut, die ewigen verlässlichen Gezeiten

Ich möchte dir das Jahr sein
Primel, Tulpe, Hagebutte, Schneekristall

Ich möchte dir das Leben sein
nicht weniger, nicht mehr

Dein

Dein
Blick ruht
liebeduftend auf mir

Deine Augen
ein unergründlich tiefer
Tropfsteinhöhlensee

Deine Hände
suchen die meinen
libellenflügelleicht

Dein Herz
ein ameisfleißiger
Zuneigungsreaktor

Der Kutscher ruft

Sei gegrüßt meine Liebe,
bist du schon wach?
Hat dich die Sonne mit ihren
sanften Strahlen in der Nase gekitzelt
und dich so zum Lächeln gebracht?

Spürtest du beim Träumen
die zärtliche Hand
die ich dir denke und sende
die dich umkost und umschmeichelt
dich mit Komplimenten umgarnt?

Du liebliche Rose
mit samtzartem Duft
deine wehrhaften Dornen
verbirgst du nur
wenn der Liebste dich ruft.

Lass mich dein Kolibri sein
der den Nektar deiner Lippen begehrt
verwandle tausend Flügelschläge in Liebe
nach der sich meine
einsame Seele verzehrt.

Schöne Gefährtin
liebreizende Maid -
wenn zwei Herzen
in eines verschmelzen
nicht Samt oder Seide mehr
trennen den Leib!

Du nanntest mich Unhold,
Verführer und Herr,
lagest willig in meinen Armen
und was ich verlangte -
du gewährtest noch mehr!

Die Nacht meine Süße
war traurig und schön
der Glanz deiner Augen -
wortloses Verstehen.

Die Erinnerung bleibt
wie glücklich wir waren
leb´ wohl, du mein Herz,
mein Leben, mein Licht -
doch der Kutscher ruft,
er drängt –
Ich muss mit ihm fahren!

Weißt du

Ich möchte mit dir:
bockschauen
reden
schweigen
arbeiten
faulenzen
wandern
einkaufen
autofahren
kaffeetrinken
dich streicheln
in die Ferne sehen
deine Nähe spüren
im Regen spazieren
das Scherflein ins Trockene bringen
in der Oper weinen
im Theaterstück mich schrecken
bei Ausstellungen mit den Schultern zucken
an deinem Ohrläppchen knabbern
am weiten Meeresstrand liegen
durch die engen Straßen der alten Stadt gehen
vom Berg mit der Sommerrodelbahn fahren

Aber ganz egal, was auch sein mag:
bitte sprechen wir uns aus,
tun wir viele Dinge gemeinsam
gehen nicht beleidigt auseinander
helfen und vertrauen wir einander
sparen wir Geld und geben es aus
verreisen wir viel
oder bleiben gemütlich zuhaus
seien wir neugierig wie Kinder
die gesund hundert Jahre alt werden!

Weil

Ich lieb dich
weil du mir zugehört hast

ich lieb dich
weil du mir aufgeholfen hast

Ich lieb dich
weil du mich gestützt hast

Ich lieb dich
weil du mich getröstet hast

Ich lieb dich
weil du mich wieder zum Staunen bringst

Ich lieb dich
weil du mir Zukunft gibst

Ich lieb dich, auch -
weil du mich liebst

Eisbärenliebe

Knirschendes Packeis
kein Leben weit und breit
nur unsichtbare, todbringende Kälte.
Der Eisbär tappt schweren Schrittes
über die gefrorene Welt
am Rande der Eisgrenze.

Für die Eisbärin ist es Zeit.
Sie wälzt sich im Schnee
markiert so ihren Weg
der Bereitschaft.

Bis zu fünfzehn Meilen entfernt
kann der Eisbär die Eisbärin wahrnehmen.
Er hat den Geruch aufgenommen.
Tagelang streift er
durch die weiße Landschaft
mit unbeirrbarem Willen.

Endlich stößt er
auf die Fährte der Eisbärin.
Zielstrebig bewegt sich der Eisbär
in ihren Fußspuren
seinem Instinkttrieb folgend.

Er sieht die Bärin
sie sieht den Bären.

Sie weiß, in dieser Lichtwüste
ist ein Aufeinandertreffen
selbst mit einem Artgenossen
lebensgefährlich.

Die beiden tänzeln auf den Hinterläufen
die Mäuler aufgerissen
aus dem Rachen dringen
archaische Laute
das scharfe Gebiss
macht keine Wunden.

Der Eisbär hat Glück
die Eisbärin kann ihn leiden.
Sie ziehen gemeinsam
auf einen Hügel
und beginnen mit dem Ritual
des Reigens liebender Eisbären.

Mit schwerem Atem ringen
der Eisbär und die Eisbärin
unter gleißendem Sonnenlicht
um ihren zukünftigen Nachwuchs.

Drohend nähert sich Gefahr
ein zweiter Eisbär taucht auf!
Er macht dem ersten die Hoffnung
auf Nachkommenschaft streitig.

Der erste Eisbär nimmt den Kampf an
auf den Hinterbeinen wütend röhrend
mit den mächtigen Pranken schlagend
verbeißen sie sich ineinander.
Endlich gibt der Angreifer auf.
Gebrochen entfernt er sich.

Diesen Kampf hat der Eisbär gewonnen
aber es war nicht der letzte.
Nach der bestimmten Zeit
gehen der Eisbär und die Eisbärin
wieder getrennte Wege.

Das Fell des Eisbären
ist nach vielen Kämpfen mit weiteren Rivalen
blutrot getränkt.
Geschwächt wankt der Eisbär
über glatte Schrägflächen
und knirschende Eisschollen
einem unbestimmten Ziel entgegen.

Der Eisbär wird das
von ihm gezeugte Jungtier
niemals kennenlernen.

I

Du hast Glück

- wenn das entglittene Butterbrot nicht auf die gebutterte Seite fällt.
- wenn die Polizei den vor dir fahrenden Wagen aufhält.
- wenn du nach der Wanderung bei Wein und Bretteljause den Rundblick von der Buschenschank genießen kannst.
- wenn du von hinten angerempelt wirst aber deine Speiseröhre damit von dem steckenden Brotstück befreit wird.
- wenn du Blumen von deinem Schatz bekommen hast.
- wenn du einen freien Parkplatz vor dem Geschäft entdeckst.
- wenn sich das kleine Hunderl von dir streicheln lässt.
- wenn du eine fremde Sprache lernst und sie langsam zu verstehen beginnst.
- wenn ein passendes Spenderherz für dich gefunden wurde.
- wenn die Versicherung den Hochwasserschaden ersetzt hat.

Sommer ::: Freude

Kaiserliche Kur

Aus einem Fenster
in der Wiener Hofburg dringt noch Licht
es ist schon Mitternacht vorbei
doch einer schläft noch nicht.
Der Kaiser ist's, er wandert ruhelos umher,
vom Stehpult hin zum Paravent,
wieder zurück zum Sekretär.
Die Amtsgeschäfte drücken aufs Gemüt,
die Sorgen wachsen ständig,
so sehr er sich bemüht.

Da eine Kriegserklärung, dort ein Friedensplan,
wer soll bald mit wem verheirat't werden,
wer bekommt wo welches Amt?
Nur der alte Ketterl hält die Stellung,
etwas andres kennt er nicht,
der Kammerdiener geht erst in sein Kabinett,
wenn die gnäd'ge Durchlaucht an der Lampe
dreht und ganz erloschen ist das Licht.

Beide fallen müde in die Liegestatt,
doch kurz nur währt die Ruherast,
denn frühmorgens sind schon wieder Audienzen
bezüglich knifflig dringlich wicht'ger
Staatsgeschäfte angetagt.

Eines Tages endlich sich Elisabeth,
die Kaisergattin, strahlend schön wie immer,
aber vorwurfsvoll mit ernstem Blick
vor den erlauchten Kaisergatten stellt:
„Mein lieber Franz,
ich habe wirklich viel Geduld gezeigt,
doch so wie du ins Burnout rennst,
da habe ich genug!
Wir fahren stantepedes auf Erholung,
am Bahnsteig wartet unser Zug!

Mit den Preußen wurde eine Feuerpause
ausgehandelt,
die Erzherzöge sind genauest instruiert,
der Doktorenstab erwartet dich
im Heilbad in Bad Ischl,
ein Kurprogramm wurd´ eigens
für Seine kaiserliche Hoheit neu kreiert!"

Zuerst will er sich sträuben,
zu tun gäb ´s noch so viele Sachen!
Doch Sisi schaut nur streng zurück
und sagt kein weit´res Wort,
der Kaiser resigniert, er weiß -
bei diesem Anblick gibt es nichts zu lachen!

In Bad Ischl tritt derweil ein Komitee zusammen,
dass der Hofstaat kommt
ist für die Bürger eine große Ehr´
bei Seiner Ankunft flattern Fahnen aus den
Fenstern, sogar ein Kinderchor musst´ her!

Der Kaiser lässt die Würdigungen
freundlich über sich ergehen.
Er lächelt immer, da er nicht gut hört
und wenig später wird der ganze Hofstaat
mit der Apanage in die Unterkunft geführt.

Der alte Ketterl ist natürlich mitgekommen,
man sieht es förmlich wie er blüht,
begleitet seinen Herren beim Spazierengehen,
hält mit ihm Diät und trottet auch im warmen
Wasser, respektvoll Abstand haltend, mit.

Doch viel zu schnell
ging die Erholungszeit vorbei,
das Kaiserpaar und die Gefolgschaft
stellen sich zur Abfahrt ein.
Am Bahnhof richtet Seine Majestät
an die Bewohner noch ein letztes Abschiedswort:

„Wir möchten Ihnen danke sagen,
wir haben diese Reise nicht bereut,
mit guter Meinung verlassen wir Bad Ischl,
diesen wunderbaren Ort -
es war sehr schön, es hat mir sehr gefallen -
es hat mich sehr gefreut!"

Wieder im Steigflug

In letzter Zeit -
so hätte Udo Lindenberg vielleicht gesagt -
hatte ich ein paar kleinere Probleme
aber jetzt ist wieder alles easy
alles paletti
das Flugzeug befindet sich
wieder im Steigflug

aus dem Rudi Ratlos
wurde beinahe ein Johnny Controlletti
aber ganz klar ist noch nicht
wohin die Reise gehen wird
sagen wir einmal so:
wohin mich der eiserne Vogel trägt

die Crew wurde gewechselt
die Triebwerke geschmiert
der Autopilot aktiviert
einige Parameter nachjustiert -
die Landeklappen sind verschweißt
die Schubumkehr abgeschaltet
und hinein geht' s in die gleißende Sonne
immer im Steigflug

Erotische Momente

Die knappe Lederjacke fliegt zum Sessel.
Sie streift die hochhackigen Schuhe ab.
Lackierte Fingernägel knöpfen die knisternde
Bluse auf.
Der enge Rock fällt zu Boden.
Klick . . . macht der BH - Verschluss.
Auch die schwarzen Strümpfe landen auf dem
Stuhl.

- - - - -

„Einatmen - halten!
Ausatmen - halten!
Danke,

Sie können sich wieder anziehen!",

sagt der Arzt.

Oui Madame

Sind die Damen charmant
bin ich gern galant,
ich küsse ihre Hand, Madame!
Haben sie heute schon was vor?
Ich lad´ sie ein auf ein Glas Mineral.

Und wenn wir dann im Dunkeln
im Tango-Rhythmus schunkeln
werde ich voll Entzücken
auf ihren Rücken blicken!
Schöne Frau,
ja dann weiß ich genau -
in einem Jahr sind wir ein Paar!

Alles oder nichts

Warum lässt du es nicht zu
dass ich mich um dich kümmern tu,
was ist der Grund, dass du mir nicht vertraust?
Halt mich nicht zum Narren
und sag mir ins Gesicht,
wie die Aktien stehen mit uns Zweien.

Du tust immer so
als hättest du weiß Gott was zu tun,
dabei sehe ich immer Licht bei dir.
Du bist zu mir genauso wie
mein kleines weißes Katzilein,
das mir um die Füße streicht,
wenn es nach draußen will!

Doch ich will mehr als nur reden
mit dir am Telefon,
ich will, dass du dich zu mir bekennst!
Liebe heißt für mich verbrennen,
da gibt es keinen Kompromiss,
ich will alles oder nichts!

Alte Leute

Ein alter Mann sitzt in Gedanken
auf einer Bank im Park am Schillerplatz.
Gleich daneben wird gekartelt
und weiter drüben gibt es eine Schachpartie.
Er schaut den Spatzen zu beim Körnerpicken
liest die Zeitung und gibt manchmal einen Tipp
dann steht er auf, grüßt freundlich in die Runde
und geht bedächtig, leise vor sich summend,
heim.

Eine alte Frau auf einem alten Steyr-Radl
fährt den kleinen Hügel mühevoll bergauf,
sie tut sich schwer, sie hat die Kraft
die sie früher mal gehabt hat
heute halt nicht mehr.
Das Fahrrad wackelt hin und her
jetzt und jetzt glaubt man fällt sie um,
doch unbeirrbar fährt sie weiter
alte Leute – wissen's eh – haben Zeit.

Geliebtes Wesen

Wenn ich heimkam
wusstest du vor Freude
nicht mehr ein und aus
wichest mir nicht von der Seite
ranntest wie verrückt
um unser Haus

Mit etwas Mühe
machtest du noch Sprünge
hast mein Gesicht und meine Hand geleckt
sprangst wie närrisch hoch an mir
hast dein schwarzes Rümpfchen
lang nach mir gestreckt.

Traurig war dein Blick
als du gespürt hast
ich muss wieder gehen,
bist mir ausgewichen
schlapp herumgeschlichen
wolltest nicht mit mir spazieren gehen.

In dir sah ich
den sich´ren Hafen
die Gewissheit, dass
bei meiner Ankunft viele Wochen später
jemand da ist der sich freut
auf meine Wiederkehr.

Obwohl es abzusehen war
traf mich die Nachricht
wie ein Keulenschlag
all mein Bangen,
all mein Hoffen
zunicht´ gemacht an diesem Tag.

Meine Augen sind gefüllt mit Tränen
du liebes Hündchen bist gegangen
das lastet schwer auf mir!
Meine gute Freundin warst du
gern hätt´ ich Adieu dir noch gesagt -
von ganzem Herzen aus der Ferne dank ich dir.

Nimm deinen Hut

Das Leben ist nicht wert eine Träne zu verlier 'n
nimm deinen Hut und geh deinen Weg.
Versuche zu sehen wie viel Gutes dich umgibt
sorge dich um den Menschen der dich liebt!

Du hast die Kraft, deinem Leben Form zu geben
tu mir den Gefallen und mache es gut!
Bist du auch traurig, denn du bist noch allein -
irgendwann findet dich das Glück!

Vermeide große Gruppen und Vereinsmeierei,
halte deine Gedanken klar
all das ist nur unnütz, denn nicht *du*
sondern deine *Stimme* zählt.

Bevor die blaue Stunde
über dieses Lied die Nebel senkt
erlaube mir noch einen allerletzten Rat:
lass mich und all die andern reden, hör gut zu -
aber tue was dein Herz dir sagt!

Bergerlebnis

Du stehst ganz oben auf dem Berg
und schaust hinunter in das Tal
du bist erschöpft, doch sehr zufrieden
erinnerst dich mit Stolz und Freude noch einmal:

An die schroffe abweisende Steilwand,
das Balancieren über rutschendes Geröll
das Vorwärtstasten hart entlang des Grates
die Mischung zwischen Krafteinsatz und
Feingefühl.

Der Aufstieg forderte dich sehr
den Schweiß wischst du ins nasse Taschentuch,
deine Fersen zieren bunte Blasen
und wie ein Ertrinkender ringst du nach Luft.

Doch du sahst Enzian und Edelweiß
die Gämse und das Murmeltier,
die Sennr´in jodelt leichten Sinnes: Hollareiduliö!
der Förster streift mit vierbeinigem Begleiter
durchs Revier.

Dein Blick geht hin zum Horizont
so nah und doch so fern
Ehrfurcht schweigt im Angesicht der Schöpfung:
Wie wunderbar ist unser Stern!

Da ist

Da ist
diese Unruhe
auszubrechen
von den gewohnten
Pfaden abzubiegen
mit dem Echolot
abzuhören
was sich an
Möglichkeiten eröffnet
sich auf etwas
Neues einlassen
hineintreiben in
unbekannte Gebiete
hohe Höhen
tiefe Tiefen
ohne Ausrüstung
erkunden

Das Herz drängt
die Vernunft brennt
was werden die sagen
die braven Heimgärtner
sechsunddreißig
Quadratmeter
jeder Millimeter
genau angeordnet
gibt es wirklich Leben
außerhalb der Kolonie?

Sommer

Flirrende Hitze
das Herz
pumpt mit Hochdruck
der Pegel
muss eingehalten werden
Schweiß
drängt durch die Haut
Bewegungen
reduziert
auf das Notwendigste
Irritierend
die Leichtigkeit
der Schmetterlinge
diese hauchzarten Wesen
Ähren schwingen

Reisende

Wir sind alle Reisende
auf dem Weg in unbekannte Länder.
Was wird morgen sein,
wer weiß es?

Wir studieren Pläne und Landkarten
kalkulieren die Risiken
besorgen vergünstigte Fahrkarten
buchen die Reise im Internet
sonnencremen uns die Haut
um Verbrennungen zu vermeiden.

Wir besorgen strapazierfähige Kleidung
stecken das Schweizermesser
in die Schutzscheide auf dem Gürtel
befestigen die Brieftasche
an einem Band unter dem Hemd
packen Proviant und frische Unterwäsche
in den Rucksack
füllen die Wasserflaschen.

Wir setzen die hochklappbare Sonnenbrille
auf das Gestell
der Schlapphut ist keck in den Nacken
geschoben,
die festen Schuhe sind geschmeidig vorgetragen.

Wir bereiten uns vor
auf den Weg ins Ungewisse.

Und, wenn alles penibel vorbereitet ist
jeder Punkt auf der Liste abgehakt -
du bist bereit zum Abmarsch
wartest an dem ausgemachten Treffpunkt -
da erfährst du
dein Begleiter ist schon gegangen
hat aber die Route geändert
und es vermieden, dir zu sagen, wohin.

Dann putze dir den Staub von den Schuhen
dreh dich um die Achse
nochmal, nochmal, schnell
und immer schneller …
und dort wo deine Nase beim Stillstehen hinzeigt
wanderst du vergnügt dahin.

Aus einem kleinen Seitenweg
tritt auf einmal jemand in dein Leben
sieht dir ins Auge, lächelt dich an
berührt dein Herz und deine Hand
und sagt so nebenbei im Gehen:

„Hörst du auch
wie schön die Schmetterlinge singen?"

Mondsüchtig

Dämmerung, blasser Mond,
Männchen das am Mond wohnt
Ein Spaziergang zu zweit, ein Spaziergang zu
dritt, ein Spaziergang zu viert oder zu fünft.
Die Sternlein die funkeln und kunkeln,
manchmal fällt eines davon herab,
der Mondmann und die Mondfrau die schunkeln
und schlagen mit den Gänsefüßchen im Takt.

Silberwald, Förster der
mit Reserl seinen Wald aufkehrt.
Die böse Tante, beißt der Grant,
weiß sie nicht wo Reserl weilt!
Sie lässt mit Bluthunden suchen
und rennt barfuß hinterher.
Plötzlich hört man sie fluchen
und - sie ward nicht mehr.

Herz und Schmerz, ein Kilo Sterz,
essen wir meist auswärts.
Liebe und Triebe, was davon bliebe
setzte es Hiebe den Autoren rückwärts.
Das Kind wird in der Wiege verschaukelt
und bekommt eine rosa Brille aufgesetzt.
Heile Welt wird hervorgegaukelt
an die selbst der nicht glaubt der da so schwätzt.
Wätzt.
Ätzt.

Dämmerung

Abend wird es in der mittelgroßen Stadt,
ein Rest Tageslicht hockt am Horizont.
Neonbeleuchtete Auslagscheiben,
Leuchtreklame über dunkler Häuserfront.
Die Dämmerung ist meine Zeit,
mein Biorhythmus steigt -
die Arbeit ist getan und mein Kopf wird so klar.

Nachzügler fahren von der Arbeit nach Haus,
die Straßenbahnen sind fast leer.
Ein kühles Bier im Stammcafé,
im Uhu, im Teehaus, oder beim Tony.
Ich nippe an meinem Getränk,
tappe mit dem Fuß zur Musik,
die Arbeit ist getan und mein Kopf wird so klar.

Die Dämmerung macht mich melancholisch,
nachdenklich und sentimental.
Ich habe den Blues könnte ich sagen,
würden mich nicht rosa Gedanken jagen.
Ich glaube in einem kitschigen Film
aus Hollywood zu agieren,
Ginger Rodgers tanzt vorbei mit Fred Astaire.

Und es geht mir richtig gut, ich fasse wieder
neuen Mut, kann dem harten Leben mit
Zuversicht und leichtem Spott ins Antlitz sehen…

Himbeeren

Meine Augen sehen,
meine Nase riecht -
Himbeeren!

Hallo du,
rufen die Himbeeren
wir sind nicht nur himbeerrot
sondern wir schmecken auch köstlich!

Von überall her schwirren die süßen
Gedankenstrichaufforderungspfeile
an meinen Kopf:
Wir wollen gepflückt werden!
Doch nimm dich in Acht,
unsere samtstachelig behaarten Stängel
sind mit Dornen versehen!
Wir geben dir gerne die Beeren
aber lass uns ansonsten in Ruhe.
Und hab keine Angst,
die Dornen sehen grimmiger aus
als sie wirklich sind!

Himbeerrote und himbeerdunkelrote
Himbeeren tummeln sich nun
in meinem alten, etwas lädierten Emailletopf.
Mit unbekümmertem Behagen
freuen sie sich über das Zusammensein.
Nur dort, wo der Stängel
mit seinem Kugelgelenk eingepfropft war
fühlt es sich so komisch leer an!

Sie fühlen sich pudelwohl
aber da sie sich gegenseitig
mit ihren feinen Härchen kitzeln
kichern sie manchmal verschämt
und etwas verlegen.

Im Garten

Im Garten
in deinem geliebten Refugium
da lernst du geduldig zu warten.
Denn auch wenn du noch so ungeduldig bist -
es dauert eben eine gewisse Zeit
bis in der feuchten, dunklen Erde
der Same zu keimen beginnt.
Doch unaufhaltsam drängt es ihn empor
und beim Durchbrechen der Erdendecke
ist jedem einzelnen Samenkorn
vielleicht zumute
wie einst Christophoro Colombo
als er dachte
Amerika
entdeckt zu haben!

Teilchenverlangsamer

Stell dir vor: eine stürmische See.
Die Wellen klatschen an die Felsen,
rollen immer wieder den Strand herauf.
Dann beruhigt sich die See,
zieht sich zurück und zeigt jetzt,
was an den Strand geschwemmt wurde.
Kleine zerfaserte Holzstücke,
ein paar Muscheln, Algen, Plastiktüten
einen japsenden Fisch,
eine Bierkapsel und vieles mehr.
So geht es mir, wenn ich nach einem
anstrengenden Arbeitstag bei einem Drink
mit einem Freund Gedanken austausche.

Am Tag fordert mich die Arbeit ziemlich,
habe dabei zu denken, überlegen, tun.
Mache es meistens gern.
Wenn ich dann am Abend im Bett liege,
läuft das Hirn selbstständig weiter.
Wie beispielsweise ein alter Röhrenfernseher,
bei dem nach dem Abschalten im Dunkeln
noch längere Zeit ein heller Strich aufscheint
der als immer kleiner werdender Punkt
langsam verschwindet,
bis ich einschlafe
oder so.

II

Du hast Glück:

- wenn du mit den Stöckelschuhen stolperst aber ein gut aussehender Mann dich auffängt.
- wenn dein Enkerl dir ein Bussi auf die Wange drückt.
- wenn du dein Neugeborenes zum ersten Mal im Arm hältst.
- wenn du die Nachprüfung bestanden hast.
- wenn deine Arbeitskollegin deine Schicht übernimmt, damit du bei deinem kranken Kind bleiben kannst.
- wenn dir wieder einmal ein Gedicht gut gelungen ist.
- wenn der Busfahrer auf dich wartet bis du angelaufen kommst.
- wenn du dich auf das Rendezvous mit deiner Freundin freust.
- wenn bei der Blues-Session mit deinen früheren Musiker - Kumpels die Zeit stillsteht.
- wenn dein Verein die Meisterschaft gewonnen hat.

Herbst ::: Nachdenklich

Goldenes Glück

Herbstlicher Nebel
über dem Land
Straßen und Plätze
mit Buntlaub bedeckt
auf Frühling und Sommer
sehe ich dankbar zurück
im Herzen ist Frieden -
Genieße mit dir
goldenes Glück.

Gevatter Hein
in den Segeln
am heftigen Ruder
der Einaugpirat
das Auge nicht mehr verhangen
nach vorne wend´ ich den Blick
was war ist vergangen -
Genieße mit dir
goldenes Glück.

Kleiner stacheliger Kaktus

Komm ganz nah zu mir
und lehne dich an mich,
ein winzig kleines Lächeln nur von dir
und das Packeis in der Arktis bricht.

Du bist stets in meinem Herzen,
nur an dich da denk ich Tag und Nacht,
ein Blick in deine Augen
hat mich ins Paradies gebracht!

Denn durch dich da kommt der Himmel
auf die Welt herab für mich,
jedes Blümchen reckt sein kleines Köpfchen
soweit es reicht zu dir, zum Licht!

Nur meinen kleinen stacheligen Kaktus
lässt mein Liebeswerben ungerührt,
wenn er da meint:
„Gib mir doch den angenehmen
kratzigen Pullover
denn am Abend wird es schon
empfindlich kalt!"

Schade?

Schade, liebe Freunde
dass ihr nicht gekommen seid
ich hatte mich schon so auf euch gefreut!
Die Stube war gereinigt und hübsch dekoriert,
schöne Gläser, der Champagner eingekühlt,
Girlanden, Blumen und Windlichter
verströmten warmen Schein.

Doch sicher gab es gute Gründe
dass ihr ausgeblieben seid,
man war sich dort und da verpflichtet
fühlte sich unpässlich -
und überhaupt, wer ist er schon
was soll ich dort -
wahrscheinlich geh ich gar nicht ab -
so blieben alle Sessel traurig leer.

Doch gar nicht lange,
denn zum schön gedeckten Tisch
da kamen Andere,
Leute, die ich gar nicht kannte!
Sie fragten höflich
ob sie sich hier setzen dürfen
lobten meinen Koch
fühlten sich bald wie daheim
entdeckten im Gespräch
dass wir uns mögen -
dann luden sie mich ein!

Nun bin ich ständig Gast bei ihnen
die Männer klopfen mir die Schulter
ich bin galant zu jeder Frau
mache Scherze mit den Mädchen
und selbst ihre Hündchen lieben mich.
Sie fragen nicht nach meinem Wunsche -
sie lesen ihn an meinen Augen ab!
bevor ich noch ein Wörtchen sagen kann
wird er mir schon erfüllt!

Manchmal, so wie heute
wenn ich glücklich in die Runde seh´
dann denk ich, ehrlich! kurz an euch -
doch eigentlich ist´s gar nicht schade
dass ihr damals
nicht
gekommen seid.

Hilf mir

Wochenende ist noch außer Sicht
die Arbeitstage kriechen
die Gesundheit lässt zu wünschen übrig
dazu die Steuer und das Wetter und der Hund!

Hilf mir auf, wenn ich am Boden bin,
steh mir bei in meiner Not,
bleib bei mir, wenn es denn Abend wird,
reich mir deine Hand und halt mich fest!

Denn der Exekutor sitzt im Büro
auf dem letzten Artefakt,
alles leer - nichts weiter da
mein armes Herz macht
„Bumm bumm tschak!"

Mode

Lass dich von den
psychologischen Modedesignern
nicht dazu verleiten,
den saisonal aktuellen
Trend mitzumachen:
das Herz heuer offen zu tragen!

Wickle es lieber sorgfältig
zuerst in Butterbrotpapier
gib noch ein Stofftücherl darüber
und stecke es in ein Jutesackerl.

Halte es sorgfältig verborgen.
Zu groß ist die Gefahr
dass jemand
unvorsichtig damit umgeht
es drückt
oder dehnt
oder sonst wie
verformt.

Nur geliehen

Freu dich nicht zu früh
das dicke Ende kommt,
früher als du glaubst, härter als du denkst.

Dann hilft dir auch kein Zetern,
kein Heulen und Wehklagen,
niemand wird dich um deine Meinung fragen.

Lass alle Hoffnung fahren,
die Chancen stehen auf Null
ein Happyend, das gibt es halt nur im Film.

Jeden Tag eine Handvoll,
bis es tiefer nicht mehr geht,
gräbst du dir eine Grube und springst rein.

Gestern war da eine Wiese,
heute ist es eine Autobahn
- ja, der Mensch macht sich die Erde untertan!

Siehst du dort die Startbahn,
wo der Jumbo drüber rollt?,
die Schneise da war früher mal ein Wald.

Ob Chile oder Java, Australien und Hawaii
die Meeresbodenplattenschiebung
setzt gewaltige Kräfte frei!

Giftschlammwelle rollt in Ungarn
Aschenwolke aus dem isländischen Vulkan
verzweifelt kämpfen Helfer dagegen an.

Erdbeben und Tsunami
Endzeitstimmung in Japan
Supergau im Kernkraftreaktor.

Der Mensch denkt er ist allmächtig
keine Schranken kennt er an
alles Schwache ist für ihn ein Ärgernis.

Doch es wird Zeit, um zu erkennen,
dass wir nur ein Teil des Ganzen sind
die Erde uns nur geliehen
und für unsere Enkel zu bewahren ist!

Schuldig

Schuldig bin ich an jeder Träne
die du weintest wegen mir
mein blinder Ärger ließ es zu
dass ich mich im Zorn entfernte weg von dir.

Nicht die Tränen habe ich getrocknet
deiner Augen, himmelblau und wasserklar
meine Hände hielt ich bebend in der Tasche
ließ dich stehen, nahm dich nicht in den Arm.

Oh wie reut es meiner Seele!
Oh, wie hoffe ich, du verzeihst!
Wag´ mich nicht in deine Nähe
bin voll Scham und Traurigkeit.

Sag mir wo die Liebe ist

Sag mir wo die Liebe ist
diese fabelhafte Regung
hat mich lang nicht mehr gegrüßt
vielleicht ruht sie sich aus am Wegesrand
vielleicht ist sie tränenüberströmt
nach Haus gerannt?

Sag mir wo die Liebe ist
mit hoffnungsvoller Freude
hätt´ ich auf die Wange sie geküsst!
Kann es denn sein,
dass alles bloße Täuschung war
die eigene Verliebtheit nur ein Spiegelbild gebar?

Sag mir wo die Liebe ist
ich frage dich,
weil du die Antwort bist!
sag, werden wir uns einmal wiedersehen,
den serpentinenreichen Weg
noch mal zusammengehen?

Sag mir bitte wo die Liebe ist.

Vergessenes Glas

Dritter Gang, knapp 55 km/h
im Autoradio Eros Ramazotti
eine arge Schnulze, aber toll gespielt
eigenartige Stimmung beim Hören
dieses über 20 Jahre alten Liedes
plötzlich geht ein Gefühl
durch meinen Oberkörper
als wäre ich ein Flaschenkorken
der soeben mit Schwierigkeiten
heraus gedrillt werden soll
doch das befreiende Plopp bleibt aus

Schüttelfrost
Gedanken erscheinen wie Nebelfetzen
die Eltern, Geschwister
Ausblende

Als Beifahrer auf der neuen Autobahn
Polizei am Ende des Tunnels
Kopfrasen
der Bekannte pokert mit seinem Chef
lässt uns warten bis zwei Uhr früh
dann Discotour.

Das Leben hatte bis dahin
kaum Geschenke bereitgestellt.

Nicht etwa, dass ich Grund
zur Unzufriedenheit gehabt hätte,
aber alles wollte mühevoll
und sehr langsam
erarbeitet
erkämpft
erobert werden.
Ausblende

Picknick
Gitarre, Lagerfeuer
Das zuinnerst Gewünschte war eingetreten
vollkommenes Glücksgefühl.

Wiederum heftiges Drehen des Korkenziehers
Beklemmungsgefühl
Ausblende

Und nun, das Leben
wie ein stundenlang gemahlener Kaugummi.

Wie ein vergessenes Glas Sekt.

Der Hochzeitsanzug

Bald nach dem erfreulichen Ereignis -
Sie wissen schon, das Essen schlägt an -
bin ich aus ihm heraus*gewachsen*.

Einige Jahre später –
Sie wissen schon, das Leben schlägt an -
bin ich aus ihm heraus*gefallen*.

Partikel

Es gab gute Zeiten
vieles wurde gemeinsam aufgebaut.
Dann der Bruch.

Lange Zeit quälte ihn die Frage:
Warum?

Sein Vertrauen
war unter einem groben Schuh
zermatscht worden,
als wäre er eine dieser grauslichen
rotbraunen Nacktschnecken.

Eines Tages vergaß er die Frage.

Heute kann er sagen, okay!
Die Reaktionszeit, die das Gehirn braucht
um das aufsteigende Gefühl
- manchmal tut´s noch weh –
abzuwehren
wird immer kürzer.

Hatte sie früher noch Dezimetergröße,
so liegt sie mittlerweile im Nanobereich.

Herbst

Letzte Sonnenstrahlen
Lasern
Über die dunkle Seeoberfläche
Von fern
Ein Vogelruf.
Ein leichter Windzug
Haucht ein leises Ahnen.
Eins werden
Mit den Randfarben.
Blätterbedeckter Waldboden
Aufgeplatzte Wildkastanien
Harter Kern
In stacheligem Gewand
Eingerollte Blätter
Versuchen
Die fehlende Energie
Zu kompensieren.
Verschmelzen mit dem Untergrund
Alle Systeme gestoppt
Ruhen
Sich ergeben
In immer kleinere Teilchen zerfallen.

Hoffnung auf die Auferstehung.

Meisterprüfung

Graue Tische
Sessel aus orangem Plastik.
Rote Abfalleimer
links und rechts neben der Tafel.

Aluminiumfenster
entlang der ganzen Breite,
Aluminiumtüre
grüner Kunststoffschrank.

Weißes Keramikbecken
zartblaue Fliesen
Neonleuchten über
brauner Filz unter dir.

Ein Mann mit dezenter Krawatte
versucht uns etwas zu lehren,
uns, die wir Meister werden wollen.
Einmal liest er etwas vor aus einem Buch
ein andermal schreibt er was an die Tafel,
ab und zu ruft er wen auf und prüft ihn ab.

Zwanzig werdende Meister
In ihren Plastikstühlen,
die zumindest lernen
mit offenen Augen zu träumen.

Noahs Arche

Wasser
immer nasser
Noah – blass und immer blasser

Luken dicht
passt Gewicht?
Anker hoch, Herrgott spricht

Große Plage
vierzig Regentage
hoffnungslose Lage

Sonne dreht
Wasser endlich geht
Noah prüft wie Lage steht

Luke auf
Taube raus
kommt nicht mehr nach Haus!

Nach Gottes Rat
am Berge Ararat
schreitet Noah nun zur Tat

kontrolliert
zählt und nummeriert
alle Tiere da kein einziges verirrt!

Oh Freude:
das Bienchen summt
die Hummel brummt
und auch der Wellensittich ist gesund

das Glühwürmchen verglüht
die Schlange Gift versprüht
das Frettchen hustet ganz verkühlt

die Kuh die muht
der Kauz uhut
das Faultier am Ast einhändig ruht

das Krokodil ist bissig
das Fell des Löwen splissig
die Haut der Kröte braun und rissig

Giraffenhals gereckt
geduldig wartet dieser Zeck
der Egel hat gerade Blut geleckt

der Esel laut i-aht
dem Affen ist es fad
der Hamster rennt im Rad

die Gelse sticht
Motte fliegt ins Licht
Regenwurm der krümmt und windet sich

der Hase rennt
die Katze pennt
nur der alte Hund verlor die letzten Zähn(t)!

Regen

Es tropft an die Scheiben.
Wer ist ´s?
Der Regen.
Regen beruhigt mich.
Das gleichmäßige Geräusch wirkt wie Applaus.
Irgendwo rinnt es.
Wenn genügend Tropfen beisammen sind
bilden sie eine Pfütze am Fensterbrett.
Regen bringt Segen.
Zeitweise prasselt es stärker
etwas später lässt es wieder nach.

Dann treibt eine Böe den Regenvorhang zur
Seite.
Ein Regenschirm schirmt den Regen ab.
Regen massiert die Seele
macht sie locker
bewirkt ein herrlich leeres Gefühl im Kopf.
Fröhlich gluckern die gesammelten Tropfen
als Landler vom Ziegeldach in die Dachrinne.

Jetzt!
Bricht der Himmel.
Die Wolken verrichten ihre Notdurft
während sie Donner hervorwürgen.

Potzblitz! Mich rührt der Donner.
Himmel Arsch und Wolkenbruch!

Wenn mir wieder mal zu heiß,
zu lau oder zu trocken ist
werde ich meine Regenjacke anziehen
Wetterleuchten aufsetzen
und mir vom Arzt Regentropfen verschreiben
lassen.

Dann hocke ich mich in eine Regentonne
und lass mich volllaufen
während die Wetterwarte
auf das prophezeite Wetter wartet.

III

Du hast Glück:

- wenn du beim Klassentreffen mit den Kumpels feststellst, dass du besser in Form bist als die meisten anderen.
- wenn du an den Schweinsbraten vom holzgeheizten Sparherd bei der Oma denkst.
- wenn du durch die konsequenten Therapieübungen dein Rückenleiden im Griff hast.
- wenn du Futter in den Käfig gibst und das schwarze Löwenkopfhäschen an deiner Nase schleckt, während das braune Häschen probiert auszubüxen.
- wenn Bubi erfolgreich das Töpfchen für sich entdeckt.
- wenn dir der Verein für die nächste Funktionsperiode das Vertrauen ausspricht.
- wenn das Kätzchen mit deinem Wollfaden spielt.
- wenn das Knochenmark deines Bruders für die Transplantation in Frage kommt.
- wenn du das Puzzle mit fünftausend Teilen fertig ausgelegt hast.

Winter ::: Ausklang

Abschied

Wer wird dereinst um dich weinen
bist du einmal nicht mehr da?
Wird an diesem Tag die Sonne scheinen
oder ist es ein grautrister Regentag?

Hast du jenen die dir treu zur Seite standen
zumindest einmal deinen Dank gesagt?
Wird sich deine Seele in den Himmel schwingen
oder ruhelos von schwerem Alb geplagt?

Gibt der Herr im Himmel dir gerechten Lohn -
bist du dazu wohl bereit?
Hast du dich für diesen Tag gut vorbereitet,
wenn die Uhr für immer stehenbleibt?

Einmal kommt der Tag für jeden,
einmal nur wird die Bilanz erstellt,
ein strenger, doch gerechter Richter
sieht Reih´ um Reihe nach, ob etwas fehlt.

Doch wenn du jede Prüfung hast bestanden,
das Tor mit unerhörtem Sphärenklang
sich öffnet und den Raum erhellt
dann, Mensch, wird sich erweisen,
ob für jede Antwort
du die rechte Frage hast gestellt...

Brüder

raufen miteinander
lachen miteinander
hecken zusammen Pläne aus
verstecken sich vor den Eltern
erzählen Schutzlügen
sind durch Blut verbunden
Brüder passen auf Schwestern auf
teilen sich unfreiwillig Leiberl und Hosen
lernen sich das Autofahren
kritisieren sich ohne Lob
hegen insgeheim Bewunderung füreinander
sie fahren für dich um Mitternacht zum Bahnhof
sind am Sonntag da, wenn die Spülmaschine leckt
der jüngste verbündet sich mit dem mittleren
beide messen sich mit dem älteren
doch mit Argwohn verteidigt jeder seine Lade
der ältere lässt den jüngeren in seinem Glauben
hat zu tun seinen Platz zu verteidigen

Brüder sind keine Freunde -
sie sind viel mehr:
Brüder!

T.r.a.u.m.a.

Going to Polyester
Schicksalsschläge hart
muss man einfach nehmen
in kleinen Dosen.

Going to Polyester
sterile Instrumente
bringen keine Töne
nur Schnitte und Stiche.

Going to Polyester
blutiger Verband
Knochen hin ist besser
als der Verstand.

Schnurgerade Kurve
winterlicher Baum
eingefasst mit Blech
aus der Traum!

Letzter Wille

Mein letzter Wille ist es
mit halbwegs reinem
Herzen hinzugehen,
wenn ich beim Aufruf
vor das Himmlische Gericht
mit meinem Aktenordner dann
vor unserem Herrgott steh.

Viel in meinem Leben
war nicht wirklich falsch -
mit guter Absicht angedacht -
aus mangelnder Courage
doch nicht zu Ende dann gebracht.

So hoffe ich, wie am Kreuz
der Sünder neben dir
auf wenigstens die *eine* gute Tat,
die in den Augen Gottes
den Sturz ins ewigheiße Feuer
mir erspart!

Heimlaufen

Ich lauf heim, ich lauf geschwind
tollpatschig wie ein Kind
wer ist der Erste daheim
wer verliert der bleibt allein -
wer verliert der bleibt allein.

Große Last drückt auf meine Schultern
und ich trage schwer daran
die Last wird jedes Jahr schwerer
und schwerer wird's
dass man daran nicht zerbricht.

Ich war knapp am Abgrund
viel zu lange
weit weg von den Freunden
weit weg von Recht und Gesetz.

Da war so viel Unheil
dass es keine Worte dafür gibt
Oh wie hab ich vermisst
die Wärme die du mir gibst!

Ich lauf heim, ich lauf geschwind
tollpatschig wie ein Kind
wer ist der Erste daheim
wer verliert der bleibt allein.

Mutter du weißt

Ich bin dabei
mich wie eine Schlange zu häuten
das abgenutzte Lebewesen
bleibt übrig
der neue Körper wächst sich aus
eine andere Haut entsteht
verschmilzt und umformt
den pulsierenden Klumpen

Seltsam

In der Einsamkeit der Berge
suchst du Ruhe,
doch die Stille der Natur
die macht dich: schreien!

Du suchst Menschen dich
zu wärmen am Polarkreis,
du suchst Treue
doch du findest dich: allein!

Wer das Kleingedruckte
nicht liest ist verloren,
wenn der große Geldsack
nicht der Seine ist!

Es gibt kleine Teddys
mit ganz großen Ohren,
wo die Klugheit endet
da hilft nur noch: List!

An der Theke

Er steht ganz vorne an der Theke
nimmt einen tiefen Schluck aus seinem Glas
schaut sich die Leute an die da sind
momentan ist leider nichts los.
Er wartet auf niemand Bestimmten
aber schaut immer auf wenn jemand kommt
dann geht er hin zur Musikbox
wirft eine Münze ein und drückt die beiden
Zahlen.

Jetzt kommen ein paar Bekannte
man redet und lacht durcheinander,
bis die Freundin von dem Einen
meint, es wäre an der Zeit zu Gehen.
Er bleibt über, geht als Letzter
trinkt sein Glas leer, zahlt und geht auch.
Er setzt sich in ein Taxi, lässt sich fahren,
und er weiß, niemand wartet dort auf ihn.

Auf der Suche nach der Liebe,
vermisst im Dschungel der Gefühle!

Mein Stuntman

Das Leben kann oft richtig schwer sein,
leider kann man sich dafür aber keinen
Dienstmann
oder Träger mieten, man muss es selber ertragen.
Aber manchmal denke ich mir so insgeheim:

Ich brauche einen Stuntman für mein Leben
ohne Hilfe stehe ich daneben
die Wirklichkeit bringt mich um
ich bin zu träge und zu dumm
deshalb brauche ich wen
der die Hürden für mich überspringt.

Von den Problemen, die mich plagen
fühle ich mich ganz erschlagen.
Meine Augen zucken
die Nase tut jucken
ich hab das Gliederreißen,
wenn wer nach mir frägt
sagt, ich bin sch … pazieren!

Millionenprovisionen
Schmiergeldtransaktionen
die weißen Westen der Dunkelmänner
die schwarzen Listen der Hintermänner,
das Leben ist wie ein Film
in dem die Stars Statisten spielen.

Jede Woche geht das Telefon
und es verspricht mir wer die Eurolottomillion.
Die scharfe Nora aus dem Internet
hätte gerne wenn ich mit ihr chat´,
Dr. Bouba möchte meine Kontonummer kennen,
um aus Afrika das Erbe überweisen mir zu
können!

Ich brauche einen Stuntman für mein Leben
was würde ich dafür hergeben!
Um vom Hintergrund aus zuzusehen,
wie mein Spiegelbild versucht
die Lösung anzustreben -
und dann im geeigneten Moment
hervorzuspringen
wenn es darum geht,
die Schäfchen selbst ins Trockene zu bringen!

Metamorphose

Als wir uns kennenlernten
waren wir zwei zerzauste Fichten
nach einem Windbruch.

Heute stehen wir
in einem großen Kaufhaus
neben der Rolltreppe
als zwei strahlend
geschmückte Christbäume.

Fantasie

Du bist nicht traurig, bist nicht froh,
luftleer ist dein Kopf,
du möchtest den Leuten Aufklärung tun,
hast selbst keinen Tau.
Draußen in der freien Natur
da möchtest du sein,
mit Flachbildschirm in der Holzbaracke
etwas „Blondes" in der Hand.

Und in deiner Fantasie
da bist du ein schöner Prinz,
in einer Welt wo neben dir
nur hässliche Gestalten sind!

Schwimmen können wie ein Tretboot -
das wäre ein Traum,
mit abgelatschten Pantoffeln trampen,
Siesta halten unterm Zirbenbaum.
Du willst dich nach der Decke strecken,
Anpassung ist dein Ziel -
doch die Decke ist dir viel zu kurz,
du nimmst dich aus dem Spiel.

Und in deiner Fantasie
bist du ein helles Licht,
das in einer weit entfernten Galaxie
deren ewige Dunkelheit durchbricht!

Beim jüngsten Gericht

Wenn ich dann
beim jüngsten Gericht
vor die große Kommission hin geh,
möchte ich sagen können: „Werte Heiligkeit!
das und jenes habe ich getan
wofür ich heute grade steh.

Ich hab geliebt, gehasst, manchmal auch
betrogen,
habe es verdient, wenn Prügel ich bezogen.
So manchen Fehler habe ich gemacht
für den ich heut´ mich noch genier´,
für Ausreden ist es nun zu spät
als armer Sünder stehe ich vor DIR!"

Der Herrgott blättert prüfend durch den Ordner,
fährt sich sinnend durch den Bart -
„So weit so gut", spricht er sein Urteil,
„wenn man sehr viel Nachsicht walten lassen tut!
Dir wird bis zur vollständigen Sündenheilung,
eine Pritsche zugeteilt
in unserer Damenabteilung!"

Wer mich jetzt kennt, wird sich daran ergötzen:
man will mich - das Schaf –
in eine Wolfsmeute hetzen!

Doch der große Gott weiß alles viel genauer,
ist er doch der Weltenbauer!
So habe ich mich langsam
an die Umstände gewöhnt,
durch ein nettes Engerl
wird mir der Aufenthalt sogar verschönt!

Zusammenfassend kann ich also sagen:
Hier im Jenseits leb´ ich erst so richtig auf!
Und bin ich vom Frohlocken einmal müde,
stell ich die sanfte Harfe kurz ins Eck,
sehe mich um, ob es wohl niemand sehen würde
und trink ein Glaserl Bier im heimlichen
Versteck!

Zimmer Küche Klarinett

Seit übergestern wohnen wir in unserem neuen
Blockflötenhaus.
Da leben wir nun in wohlig warmer Harmonie
mit der Natur – nur bei ganz tiefen Temperaturen
erzithert man ein bisschen.

Von allen Gitarrensaiten aus gesehen
ist das Häuschen schön.
Du drehst den Violinschlüssel um
und gehst durch die Ouvertüre
in den riesigen Resonanzraum hinein.
Im Radio erklingen leise
wunderbar gesungene Aquarien.
Die Zimmer sind ausgemalt
mit den schönsten Dur und Moll Klangfarben
den Boden bedecken kostbare Klangteppiche.

Über die Tonleiter in Form eines Melodienbogens
marschiert man am Glissando entlang
in die Loge in den zweiten Rang.
Die Ziehharmonika-Türen
lassen sich je nach Bedarf öffnen.
Wenn der Regen rhythmisch
auf das Obertonfenster trommelt
der Wind draußen orgelt und pfeift
dann dirigiere ich wie Mariss Jansons
zur Wassermusik.

Das gemeinsame Himmelbett
hängt voller Geigen,
die Kuckucksuhr in der Kammer
klingt im Dreiviertel-Takt.

Jeder Bewohner besitzt seinen eigenen
Geigenkasten
und dazu einen Tresor für seine Banknoten.
Als dramatischen Kontrapunkt leisteten
wir uns eine Infrarot - Posauna.
Wer uns besucht, bekommt zum Auftakt
eine Portion Klavier,
dazu wird Sekt aus Flöten serviert.

Noch nennen wir unser Heim:
Die Unvollendete;
doch schon demnächst beenden wir die
Baukomposition
mit einem Paukenschlag!

IV

Du hast Glück:

- wenn dir nach der Ausschreibung der Zuschlag für den großen Auftrag anvertraut wurde.
- durch eine gute Rezension deines Werkes in der Zeitung.
- wenn du auf der Alm auf einem Felsen sitzt und der Sonne beim Untergehen zuschaust.
- wenn dich die gefühlvolle Aromaöl – Massage in andere Gefilde entführt.
- wenn nach der Polonaise am Maturaball deine Tochter den ersten Tanz mit dir bestreitet.
- wenn euch der überraschende Kuss nach „tausendmal berührt, tausendmal ist nix passiert" passiert.
- wenn du dich an den Sonnenaufgang im Schlafsack, im Gras am Ufer der Neuen Donau liegend, erinnerst.
- wenn du zusiehst, wie die Pflegerin deine Tante freundlich zum Mittagstisch führt.
- wenn dein Sohn mit einem Dreier auf die entscheidende Mathematikschularbeit ein positives Jahreszeugnis erreicht.
- wenn das Studium deiner älteren Tochter gut voranschreitet.
- wenn dich dein pubertierender Sohn vor der Abfahrt zum Schikurs umarmt.

Die fünfte Jahreszeit

Das fünfte Rad

Du, oh du!
Du bist das Salz auf meiner Wunde
du bist die Laus in meinem Pelz
dein Nichterscheinen adelt meine Stunde
denn du bist der Karies in meinem Schmelz.

Du, oh du!
Du liegst mir schwer wie Blei im Magen
mahlst wie ein Gartenhäcksler an Gefühlen
an meinem Sarge höre ich dich nageln
deinen Platz hast du genau zwischen den Stühlen.

Du, oh du!
Du streust andauernd Sand in das Getriebe
wenn du nicht da bist, gehst du niemand ab
auf dich da haben wir gerade noch gewartet
doch an keinem Wagen
benötigt man ein fünftes Rad!

Du, oh du!
Mit jedem Wort setzt du die Faust aufs Auge
bist wie Benzin in einem Diesel-Tank
drum bleibe fern, denn nur an dich zu denken
lässt mich erzittern, schaudern,
macht mich krank!

Im Lenze

Frühlingsdüfte wehen über Berg und Tal
Haselnuss und Erle blühen
ein lustig´ Treiben regt sich überall
wenn Weidenkätzchen samtig glühen

die einen freut ´s im Überschwang
den and´ren Nas und Auge rinnen
der Pollenflug macht angst und bang
Allergiker und Innen

Neu geboren

Ich habe mich verloren
und wollt mich wiederfinden.
In einer ersten Analyse zog ich in Erwägung
eine Selbsthilfsgruppe zu begründen.

Doch nahm von der Idee ich Abstand
weil so viel Organisationsarbeit gefordert
denn weil müde, orientierungslos
und ausgebrannt
fühl ich mich gestern, heute, morgen
dazu einfach überfordert.

Bei Volkshochschul- und and´ren Kursen
lernte ich mein inn´res ICH zu editieren
baute meine Defizite ab beim Gruppen Healing
oder tat im Schneidersitz
auf einer Bambusmatte meditieren.

Da ich nicht mehr wusste was und wer ich war
ging ich auf Schamanenreise in die Innenwelt
beim Energieworkshop mit Rahmentrommel
schob ich die Familie hin und her
und habe sie neu aufgestellt.

Als Verbindung hin zum Transzendenten
der Geruch von Räucherstäbchen stimuliert
dazu der sanfte Ton des Schalenklangs
- so entspannt hat eine Meist´rin
meine Aura fotografiert!

Unter dem Siegel des „Heiligen"
durft´ ich mein Leben neu ordnen,
befreien von Kleinbürgersorgen -
lernte die Mystik von Zahlensymbolen
und wagte den Gang über glühende Kohlen!

Meine Selbstheilkräfte wuchsen in dem Maß,
in dem mein Kontostand entschwand
doch mein Sufi-Lehrer rügte:
Arm ist jeder Mann
der hängt am Gold und Geld
und allem diesen Tand!

Beim Channeling kannst du vergessen
deine Sorgen
denke nicht an Krankheit, Geld
oder was wird Morgen
lass dein Chakra fühlen
die unendliche Verbundenheit
zur Urmutter, dem Jenseits
und der eigenen Unendlichkeit!

Die vier Jahrespleiten

Wenn im Herbst
der Osterhase kommt
dann färben sich die Eier bunt
wenn am Strand
der Krampus
einen Schneemann baut
winterweiß und kugelrund
dann fragt der Frühling (ohne Komma)
Traun! wann kommt er denn -
der Sommer?

Blähung

Für die Erde, den Kosmos
ist ein Mensch
auch wenn er 100 Jahre alt werden sollte
nur ein kleiner Furz
nach einer Bohnenmahlzeit

Grausam

Eine grausame Marter ist es
jemanden zu zwingen
in eine frisch gewaschene
noch feuchte
Jeans zu schlüpfen.

Richtig - falsch

Etwas Richtiges
ein bisschen falsch machen
ist immer noch besser
als etwas Falsches
ganz richtig zu machen.

Brennen

Wie es mir geht?
Na, wie schon!
Brennend!
Das Schnitzel beim Kochen verbrannt,
das Wochenendhaus ist abgebrannt,
die Freundin durchgebrannt,
die Tochter hat ein Tattoo eingebrannt,
das Programm im Fernsehen hirnverbrannt
und ich bin nervlich ausgebrannt!

Zwei Männer warten bei der Männerberatung

Guten Tag, mein Name ist Jonathan-Karl Müller-
Westerwald, ich lebe in Scheidung. Von Beruf bin
ich: Drahtstiftfabriksproduktionnagelpresshebel-
drückerassistenzhelfer!
- - -
Angenehm, mein Name ist Wolf, ich bin
anonymer Alkoholiker.

Birkengreiter Erzählungen

Der Almöhi geht auf die Pirsch
Rübezahl zählt seine Rüben
der Gärtner treibt Unzucht mit Tulpen
und Rosenrot zieht Striche für den Prinzen:
Ganz normale Typen wie du und ich,
normal verrückt kein bisschen über den Strich
und hinter der Maske des Biedermannes versteckt
- der dufte Typ, der von Nebenan!

Der Beamte amtet gelangweilt seines Amtes
der Schlosser schließt schließlich Schlüsse
der Leichenheini leuchtet den Toten heim
und der Kanzler kanzelt Minister ab:
Hähä: ganz verrückte Typen aus dem Märchen!,
keiner nimmt dir diesen Blödsinn ab.
Grimms griffen grimmig in die Griffel
und zogen die totale
Two-and-a-half-Man Show ab!

Eine kleine feine Schmachtmusik

Traurigkeit ist aller Laster Anfang
drum sind die Lasterfahrer alle fröhlich,
sie pfeifen wohlgemut ihr kleines Liedel
und hupen lautstark dazu…

Schaurigkeit ist aller Pflaster Anhang
Gespenster mit geflickten Leinentüchern
erschrecken höchstens Kinder von Babysittern
wenn sie amateurhaft mit den Ketten rasseln…

Morgenstund´ hat Gold im Mund
Spinne am Morgen bringt Kummer und Sorgen
der Pleitegeier frisst die Unverschämten,
doch die Getreuen finden sich im Eck…

Leckt mich doch einmal so richtig am Steißbein
so wie es uns die Politik vorzeigt
ich greif´ mit beiden Händen in das Volle
und stecke ohne Rücksicht auf die andern ein…

Heheheho, nur nicht hudeln!,
keep smiling, stay cool
immer locker bleiben!

Für Denisé

Dadadadadi – da di da dam
da da dam
da da da dam
da da di da di – da di da dam
da da dam
da di da dam.

Da dada dam,
dadi dadam,
dadi da dam,
dadidadam -

dida didadi – dadi dadam,
dada dam
dadi da – dam!

(Beethoven – Für Elise)

Herr O.

Wo der Tag geht und die Nacht kommt,
treffen sie das Vorabendprogramm,
Dean O' Saurier, kommt nach Hause
schaltet den Fernseher an.
Der Fernsehfauteuil wird zurechtgerückt
die Programmwahltaste gedrückt
die Kinder werden kurz begrüßt
die Frau kriegt einen Klaps auf den Po.

So verläuft der Abend im Leben des Herrn O!

Guten Abend meine sehr geschätzten
Damen und auch Herren, danke,
dass sie uns zum Hauptabendprogramm beehren.
Heute sehen Sie im Ersten das Dokudrama:
„Heile Welt",
Ronald Reagan *spielt* darin
den Mister US-President!

Krimispannung gibt es dann im Zweiten,
dort wird geschossen und gestochen und geweint!
Es spritzt Theaterblut zu Boden
und verschmiert die Wände,
ehe Siegfried Lowitz als *Der Alte*
sich den Mörder krallt!

Prickelnde Unterhaltung
ganz besonders für Herrn O!

Wo die Nacht geht und der Tag kommt
steigt der Sonnenaufgang blinzelnd hoch.
Dean O' Saurier schnarcht vor dem TV Gerät
die Brille hängt ihm schief
über die Nase und das Ohr:

So beginnt der neue Morgen, im Leben des Hr. O!

Yesternight

Yesternight
ging der Forstmann in den Wald
er wollte Braunbären pflücken
doch er kam nicht weit.
Denn am Eingang des Hochsitzes stand
ein Harlekin als Clown verkleidet
und wartete auf ihn:
„Gib mir deine Büchse und den Dosenöffner!"
sagte er zu ihm.
Und er sang ihm dafür ein Lied an den Kopf
mit dem Hut und der langen Feder.

Na, der Weidmann bedankte sich recht artig
und ging nach Hause zurück.
Dort erwartete ihn seine schlechtere Hälfte
mit dem Frühstück, das ihm
wahrscheinlich wieder nicht schmecken würde
da sie immer Sand ins Getriebe wusch.
„Verdrück dich aus der Küche!",
sagte er zu ihr!
„viele Breie verderben die Köche,
Marsch! Hinaus mit mir!"

Und die Moral dieser Geschichte ist:
zweifellos.

(Yeder sagt: Yesterday, love was such ... usw. Aber einmal muss auch gesagt werden: Yesternight-bei meiner Ähr!)

116

Rechnung

Ich rechne zu hundert Prozent
immer mit dem Schlimmsten -
und bin irrsinnig erleichtert,
wenn nur neunundneunzig Prozent eintreffen.

Unterschied

Es gibt Arbeitsplätze
da bekommt man bezahlt
wenn man etwas tut.

Und dann gibt es Arbeitsplätze
da bekommt man erst bezahlt
wenn etwas fertig ist.

Wo ein Wille, da ein Umweg.
Wo ein Jurist, da ein Prozess.

V

Du hast Glück:

- wenn dein Tumor seit einem Jahr nicht größer geworden ist
- wenn dein Enkerl eine der Hauptrollen bei der Schulaufführung spielen darf
- wenn du im Sommer beim Waldspazier-gang die ersten Eierschwammerl findest
- weil dich eine nette ausländische Pflegerin bei der Pflege deines behinderten Kindes unterstützt
- weil du die tolle Opernaufführung vom Stehplatz aus richtig genießen kannst.
- wenn du deinen Partner verstohlen von der Seite her ansiehst und an die schöne Zeit mit ihm denkst.
- wenn für dich als Obdachloser ein Schlafplatz im Vinzidorf frei ist.
- wenn du nach der Operation das erste Mal ein paar Schritte geschafft hast.
- wenn SIE dir vor dem Traualtar das Jawort gibt.
- wenn sich der Installateur hat erweichen lassen, bei tiefen Temperaturen am Sonntag deine kaputte Heizungspumpe zu reparieren.

Resümee

Ein ganzes Jahr lang Frühling -

klar, das gibt es nirgendwo auf der ganzen Welt.
Doch im Herzen kann man diese Einstellung
hochhalten.

Die Aussage lädt ein, über erlittenes Ungemach
nicht ständig zu räsonieren und zu jammern,
sondern das Neue mit Optimismus zu erwarten.

Erleiden wir unser Leben nicht fremdbestimmt,
sondern gestalten wir es, natürlich unter
Beachtung unserer Umwelt, bewusst nach
unseren Vorstellungen. Das wünscht Ihnen der
Autor mit dem Titel dieses Büchleins.

Komm Frühling!
Komm Leben!
Das ganze Jahr lang!

Über den Frühling

Phänologisch teilt sich der Frühling in
Mitteleuropa in drei Phasen:

- *Vorfrühling:*
  Vom Blühbeginn der Schneeglöckchen
  und der Haselnuss, bis die
  Weidenkätzchen pollengelb sind.

- *Erstfrühling:*
  Vom Blühbeginn der Forsythie über den
  Laubaustrieb der Stachelbeeren bis zum
  Blühbeginn der Birnbäume.

- *Vollfrühling:*
  Vom Blühbeginn der Apfelbäume und des
  Flieders bis zum Blühbeginn der
  Ebereschen und des
  Wiesenfuchsschwanzes.

Der Himmelsäquator ist um ~ 23,5° zur Ekliptik
geneigt, die Schnittpunkte sind die Äquinoktien.
Äquinoktium (Tagundnachtgleiche) bezeichnet
einen der beiden Tage im Jahr, an denen der lichte
Tag und die Nacht gleich lang sind.

Über den Autor

Bernhard Valta
*1957 in Graz, Österreich
lebt und arbeitet in Vasoldsberg
als Möbelrestaurator und Schreiber
Wichtig:
Familie, Menschen mit Ideen, Musik aller
Richtungen, Kunst, Kultur, Geschichte, Bücher,
Philosophie, Natur, gutes Handwerk und das
Schreiben.

Veröffentlichungen:
„Das 1x1 der Möbelantiquitäten", ISBN-13: 978-3850222167
Buch: 2008 Novum Verlag, Neckenmarkt (A)
„Nur ein Bild im Wasser", u.a., Gedichte - Edition Dorante. (D)
„Gedichte und Geschichten" Literaris Verlag (A),
Anthologien, Bund steirischer Heimatdichter
„Als ich den Waldbauernbub suchen ging" - Buch 2013
zum 170. Geburtstag von Peter Rosegger, Hrsg.: K24 LAG
Hügelland / Schöcklland (A)
„Frischer Wind in flauen Gassen", 2015 - Anthologie des Literatur
Flohmarkt 2.0
„Trägt die Espe rote Spitzen ... / Vai sarkani apšu gali..."
Buch 2016, Lettland: Geschichte, Dainas, Reisen, Musik
CD: *„Blick aus meinem Fenster"* Grazer Literaturclub, 2016
„Schöcklschatz" – Magazinbeiträge ab 2014

Kulturverein Achteck
2. Platz Schölnast Preis 2010
3. Platz musikOst Gedichtwettbewerb 2015.

Das bunte Bild im Innenteil entstand bei der Suche nach einem Motto für die Jahresausstellung der Hausmannstättner Malgruppe: „Kunstrampe". Herr Kurz schlug vor, sich doch von Werken örtlicher Dichter inspirieren zu lassen! Gesagt, getan, die Malkünstler ließen sich durch Verse in Büchern von Heinz Stiegler und Bernhard Valta wirklich anregen. Eines der dabei entstandenen Lyrik-Bilder gefiel mir besonders: „Ein ganzes Jahr Frühling" von der Künstlerin *Ilse Kurz*. Es befindet sich mittlerweile im stolzen Besitz der Gedicht-Schreib-Werkstatt, herzlichen Dank!

VI

Du hast Glück...

auch wenn du den Schreib - Wettbewerb zum Thema Glück einen anderen gewinnen lassen wirst, da du schon beim Nachdenken darüber erkennst, wie gut es dir eigentlich geht!

Manchmal wurlt es im Kopf
und es ist kein Fieber
sondern Gedanken
formen sich zu Sätzen
und geben erst Ruhe
wenn sie auf ein Blatt Papier
gekritzelt werden.

Malerei an einer Hausfassade in Kindberg, Steiermark

Herstellung und Verlag:
BoD – Books on Demand, Norderstedt
ISBN 978-3-8391-0574-0

Kontakt: menusier@gmail.com
Bibliothek derer im Schatten

www.schoecklschatz.at/shop
Verlag Monika Fikerment